Algo Pasó y Me Da Miedo Decirlo

Un libro para jóvenes víctimas del abuso

por Patricia Kehoe, Ph.D.
ilustraciones por Carol Deach

traducción de
*Something Happened
and I'm Scared to Tell*
A Book for Young Victims of Abuse
traducido por Marisabel Morales-Ochoa

Patricia Kehoe, Ph.D., doctora en psicología clínica, se especializo en tratamiento familiar e infantil en su clínica privada. Autora del libro *Ayudando a los niños abusados*, la Sra. Kehoe residió en Tacoma, Washington con su esposo y tres hijos hasta el día de su muerte. La Sra. Kehoe falleció en 1996 en un accidente de ciclismo.

Carol Deach, artista ganadora de varios premios, reside en Camano Island, Washington. Deach es madre de dos niños quienes de vez en cuando le sirven de inspiración para sus dibujos.

La senorita Morales, quien reside en California, es educadora profesional y en su tiempo libre escribe y traduce libros infantiles.

English text and illustrations © 1987 by Parenting Press
Spanish text and illustrations © 1998, 2004 by Parenting Press

ISBN 1-884734-39-1

Parenting Press, Inc.
P.O. Box 75267
Seattle, WA 98175-0267
www.ParentingPress.com

Introducción

Este libro fue escrito para niños de tres a siete años de edad y de quien se sospecha fueron victimas de abuso sexual o físico. Aunque este libro no puede prevenir el abuso o sustituir servicios especiales psicoterapéuticos, lo que sí puede hacer es estimular a las victimas a hablar y darles los conceptos que les ayudaran en su recuperación.

En mi trabajo con niños abusados me encuentro continuamente con sentimientos de baja autoestima, de aislamiento y falta de valor. Es precisamente la dificil tarea de hacerle entender al niño que no está solo y que no tiene la culpa de haber sido abusado lo que me motivó a escribir este libro.

Este libro busca reconstruir la frágil imagen de la niña abusada. Leer este libro con un adulto que se preocupa por el bienestar de la niña puede ser el comienzo de un cambio en la manera en la cual ella se percibe a si misma. Espero que este libro sea útil a toda persona dedicada; desde padres hasta sociólogos, profesionales de la salud mental y abogados, en general a todos aquellos que trabajan con niños abusados para ayudarlos a recuperar el derecho a su niñez.

–Patricia Kehoe, Ph. D.

Algo raro me pasó y no sé qué hacer.

¿Te puedo ayudar?

Hola, León. No, no quiero hablar. Además, él me dijo que si hablaba nadie me querría y mi mami me mandaría lejos.

GRRR. Algunos adultos les mienten a los niños para que no compartan secretos terribles. Te dicen que no serán mas tu amigo o que te harán daño, pero esas cosas crueles no son verdad. Te las dicen porque tienen miedo de que digas la verdad. Dicen cualquier cosa para evitar que hables.

4

Cuando le pegan a mi hermano le dicen que es malo.
Si me porto mal también me pegarán. ¿Tu crees que
soy malo?

¡Claro qué no! Algunas cosas nunca son culpa de un niño. Si alguien te hace daño, eso no es culpa tuya. Muchos niños se confunden por esto.

Si hablo, ¿qué pasará? Nadie jugará conmigo o querrá ser mi amigo, ¿verdad?

¡Claro que sí te querremos! Tu siempre serás el único, el mejor.

¡Ves! No es tu culpa. A algunos niños les lastiman con golpes y otros les da miedo que los toquen desagradablemente. Pero si hablas sobre lo que te está pasando, encontrarás adultos que harán todo lo posible para evitar que te pasen cosas terribles. Solamente tienes que decir la verdad.

Pero, ¿a quién puedo decírselo?

Cuéntalo y cuéntalo hasta que ALGUIEN te escuche. Empieza con tu mami. Si no se lo puedes decir a ella, díselo a alguien de confianza. Podrías hablar con tu maestra, con tu médico, con tu vecino, tu abuelita, tu abuelito o hasta con la mamá de tu mejor amigo. Si quieres puedes decírmelo a mí también.

Bueno, él me tocó de una manera diferente, no como los abrazos y besos divertidos, me tocó por debajo de los pantalones. Me pareció raro y terrible. También dijo que si lo dejo tocarme me dará juguetes y no me pegará.

Esos lugares donde te tocó tienen nombre–así como todas las partes de tu cuerpo. Las niñas y las mujeres tienen una vagina y los niños y los hombres tienen un pene. Atrás todos tenemos un ano.

Hablar de eso me hace llorar por dentro.

Todos lloramos cuando estamos tristes, lastimados o enojados. A veces llorar por fuera puede hacerte sentir mejor.

Aunque a veces él todavía me cae bien, otras me siento tan enojado que desearía que un carro lo aplastase. ¿Por qué me hizo eso?

Esas cosas ocurren por muchas razones, pero ninguna es tu culpa. Los niños no pueden evitar que un adulto haga cosas desagradables. Quizás por eso es que te sientes tan enojado.

Y eso que me pasó, ¿cómo se llama?

Se llama abuso sexual y puede pasarle a cualquier persona. A veces quien lo hace puede ser un padre, abuelo o una tía que no están seguros de como demostrarte su cariño. A veces puede ser un desconocido que tiene miedo de amar a otros adultos. También puede ser un niño mayor que quiere aprender acerca del sexo pero que no se atreve a preguntar.

Pero, ¿y que de cuando le pegan a mi hermano?

Cuando se le pega a un niño hasta dejarle una marca, o cuando se le pega todo el tiempo o se le deja castigado para que piense que nadie lo quiere, ese es otro tipo de abuso. Esto ocurre cuando los adultos no saben como expresar su enojo. No saben estar enojados sin golpear a nadie.

No quiero que me den mas amor nunca.
¡QUE FEO!

¡Un momento! Hay muchas maneras de mostrar el amor. Algunas maneras, como los abrazos y las caricias, son correctas. Y otras, como hacer el amor, son para los adultos. Algunos adultos necesitan aprender maneras de demostrar su amor y su enojo sin lastimar a nadie.

Oye, después de todo, no fue tan mala idea hablar contigo. Me siento un poquito mejor. Creo que iré a decírselo a alguien ahora.

¡Exxxxcelente! Eres valiente y estoy muy orgulloso de ti. Recuerda que aunque los sentimientos feos no desaparecen inmediatamente, hablar de ellos puede ayudar.

Y tú, ¿con quién hablarías si algo te pasara?

Guía para reportar el posible abuso de un niño o niña:

1. Hable con el niño. Escúchele y haga preguntas generales hasta estar seguro de entender lo que el niño esta tratando de decirle. No es necesario sacar una declaración detallada, puesto que la misma será documentada mas tarde siguiendo requisitos legales.

2. Créale. Asegúrele a la niña que cuenta con usted, esto siempre es positivo.

3. Aliéntelo. Déjele saber que a pesar de todo usted le sigue amando y que lo seguirá cuidando y protegiendo. Asegúrele que hará todo lo que pueda para ayudarlo, pero solo prometa lo que sabe que puede cumplir.

4. Llame al Children's Protective Services o a la policia. La línea local para reportar el abuso infantil es la manera más conveniente de iniciar el proceso. El personal de estas agencias esta entrenado para ayudarle con todos los aspectos del asunto en cuestión. Recuerde que no es necesario dar evidencia de lo ocurrido, tan solo una *sospecha razonable* es suficiente para hacer el reporte.

5. Proteja la privacidad de la niña. No intente confrontar a la niña con su agresor/a. Permita que la niña hable con investigadores o expertos antes de tomar cualquier decisión.

6. Protéjase a sí mismo. Agencias como *Children's Protective Services* ofrecen servicios profesionales de salud mental y le pueden conectar con grupos de apoyo especializados en el abuso sexual. Otros recursos disponibles son las agencias de Servicios Sociales Públicos.

More Books to Help Protect Children

It's MY Body, by Lory Freeman and illustrated by Carol Deach, teaches children how to distinguish between "good" and "bad" touches, and how to respond appropriately to unwanted touches. Useful with 3-8 years, 32 pages, $5.95 paper, $15.95 library

Mi Cuerpo Es MIO, Spanish translation of *It's MY Body.* $7.95 paper

Protect Your Child from Sexual Abuse by Janie Hart Rossi offers parents information about sexual abuse and what to do to prevent child abuse. Useful with 1-12 years, 64 pages, $7.95 paper, $17.95 library

Loving Touches, by Lory Freeman and illustrated by Carol Deach, teaches children how to ask for and give positive and nurturing touches. Children also learn how to respect their own and other's bodies. Useful with 3-8 years, 32 pages, $5.95 paper, $15.95 library

Telling Isn't Tattling, by Kathryn Hammerseng and illustrated by Dave Garbot, helps children learn when to tell an adult they need help, and when to deal with problems themselves. Adults learn when to pay attention to kids' requests for help. Useful with 4-12 years, 32 pages, $5.95 paper, $15.95 library

The Trouble with Secrets, by Karen Johnsen and illustrated by Linda Johnson Forssell, shows children how to distinguish between hurtful secrets and good surprises. Useful with 3-8 years, 32 pages, $5.95 paper, $15.95 library

Something Happened and I'm Scared to Tell, by Patricia Kehoe, Ph.D. and illustrated by Carol Deach, is the story of a young sexual abuse victim who learns how to recover self-esteem. Useful with 3-7 years, 32 pages, $5.95 paper, $15.95 library

Helping Abused Children by Patricia Kehoe, Ph.D. provides many ideas and activities for care givers working with sexually abused children. Useful with 3-12 years, 48 pages, $10.95 paper, $18.95 library

Something Is Wrong at My House, by Diane Davis and illustrated by Marina Megale, offers children in violent homes ways to cope with the violence. Useful with 3-12 years, 40 pages, $5.95 paper, $15.95 library

Kids to the Rescue!, by Maribeth and Darwin Boelts and illustrated by Marina Megale, uses an interactive "what-would-you-do-if?" format, and prompts kids to think wisely in an emergency. Useful with 4-12 years, 72 pages, $7.95 paper, $17.95 library

Ask for these books at your favorite bookstore, or call toll free 1-800-992-6657. VISA and MasterCard accepted with phone orders. Complete book catalog available on request.

Prices subject to change without notice.